William Bent

Frontiersman

William Bent

Frontiersman

by Cheryl Beckwith

Filter Press, LLC
Palmer Lake, Colorado

William Bent: Frontiersman

by Cheryl Beckwith

Published by Filter Press, LLC, in cooperation with
Denver Public Schools and Colorado Humanities

ISBN: 978-0-86541-117-3
LCCN: 2010924857

Produced with the support of Colorado Humanities and the
National Endowment for the Humanities. Any views, findings,
conclusions, or recommendations expressed in this publication
do not necessarily represent those of the National Endowment
for the Humanities or Colorado Humanities.

Cover photograph used courtesy of the Denver Public Library,
Western History Collection, CHS.X3033.

Printed in the United States of America

Great Lives in Colorado History Series

Contents

William Bent (1809–1869) was a frontiersman, the builder of Bent's Fort, and an Indian agent.

William Bent

William Bent was one of Colorado's great **frontiersmen**. He was also an honest businessman who made it easier for Native Americans, Spanish **merchants**, and Americans to buy and sell things to each other. He worked all of his life to keep peace among the groups that lived together in the Southwest in the 1800s. William wanted the white settlers and traders to understand the Indian **cultures**. His friendship with the **Cheyenne** helped keep peace between the two groups.

Early Years

William was born May 23, 1809, in St. Louis, Missouri, to Silas and Martha Bent. He was one of 11 children. His father was a well-to-do Missouri Superior Court justice. Little is known about his early years, but it is known that his parents wanted their sons to receive a good education. William, however, studied only long enough to learn simple math and basic writing skills. He could have easily enjoyed a comfortable life in St. Louis. Instead, he chose to follow his older brother, Charles, west into **untamed territory** and go into the business of fur trapping. He planned to trap animals and sell their fur. By the age of 17, he was trapping beaver along the North Platte River and selling the furs, or pelts, to eastern trading companies. Today, the area where William trapped and traded is the state of Colorado.

Life in the West

Life in the West was difficult. The settlers and Native American groups had very different ways of life. It was hard for them to understand each other. Violent conflicts with the Native Americans and the harsh living conditions made life dangerous on the Great Plains.

Trapping was hard work. Trappers faced loneliness, illness, lack of food, Indian attacks, and harsh winter weather. The dangers did not seem to worry William. He liked living in the West and **adjusted** quickly to the dangerous **lifestyle**.

Making a living was difficult. To make money buying and selling pelts, William packed his trading goods on mules and traveled from place to place to trade. He had to travel hundreds of miles between the villages of the Plains Indians. Travel was slow and dangerous.

He often slept between buffalo robes on the hard frozen prairie ground with a little heat from a campfire.

William followed his older brother Charles everywhere. By the time he was 20, William had helped his brother take a wagon train down the Santa Fe Trail. The Santa Fe Trail started in Missouri in the United States and ended in Santa Fe in what was then Mexico. Traders and merchants had traveled back and forth on the trail since the 1820s. They traded along the way with Native Americans and for Mexican goods in Santa Fe.

White trappers traded items other than pelts. They sometimes traded guns, whiskey, tobacco, flour, and cloth. Trading these items, especially guns and alcohol, was the beginning of many problems between the two **diverse** groups.

When William started trapping, beaver pelts were used to make men's hats. In the 1840s, fashions changed and beaver was no longer used for hats, and the pelts were no longer valuable. Buffalo hides became the trading item of choice. The Cheyenne had buffalo

William and his brother Charles built a trading post that became known as Bent's Fort.

hides to trade. William was lucky because the Cheyenne welcomed and trusted him. He brought them things such as coffee, sugar, mirrors, and glass beads in trade for the hides. As trade continued and the Cheyenne depended more on trading with white traders, the Native American lifestyle quickly changed.

William enjoyed trading with the Indians. Sometime between 1828 and 1831, he built a wooden **stockade** near the present-day city of Pueblo, Colorado. He had many goods to trade to the Indians, but few Indians came to trade. Later he learned that he had built his stockade in a place where the Arapaho, Cheyenne, and Ute fought. The Indians he wanted to trade with would not go near the stockade.

In December 1830, Charles and William Bent went into business with Charles's friend Ceran St. Vrain. Their trading company bought and sold Mexican blankets, sheep from Mexico, buffalo robes from the Plains Indians, beaver pelts from the Rocky Mountains, horses, mules, and many types of handmade goods.

Charles found a better place to build a trading post. The new location was 90 miles east of Pueblo on the Arkansas River. After working out many problems that existed among the whites, Native Americans, and Mexicans, William and Charles built an **adobe** trading post that became known as Bent's Fort. The **fort** was opened for business on December 18, 1833. It was the biggest building between Missouri and the Pacific Ocean. In honor of William, the people who worked and traded there called it Fort William, but most others called it Bent's Fort.

Yellow Wolf, a Cheyenne chief, became the Bents' friend and gave the brothers Indian names, which was a great honor. It showed how much Yellow Wolf trusted and accepted the brothers. William was not a big man. He was short with dark hair and dark skin. The

Bent's Fort was a trading center for Americans on the Santa Fe Trail, the Plains Indians, and traders from Mexico. The fort flourished between 1834 and 1849. William and Charles Bent and their business partner, Ceran St. Vrain, were the owners of the "adobe castle."

Sioux and Cheyenne called him Little White Man. His **Kiowa** name was Bent Hook Nose.

William felt at home in the West. He was a quick learner and was comfortable around Native Americans. To **communicate** with different tribes, William learned to speak many Indian languages, including sign language. He also knew some French. His friendship with the Cheyenne helped keep the peace. William wanted the business to be successful, so he welcomed everyone to trade at Bent's Fort and made all feel as comfortable as possible.

William's friendship with the Cheyenne began when he traded with them for pelts and hides. He learned their language and married into the Cheyenne tribe. He once hid some Cheyenne braves from their enemy, the Comanche. This act made him a trusted friend. William enjoyed his relationship with the Cheyenne tribe.

Bent's Fort provided a place for Indians and whites to come together. William married four times. His first wife was Owl Woman, the daughter of a Cheyenne chief. They had four children, named Mary, Robert, George, and Julia. In 1847, Owl Woman died, and William married her sister, Yellow Woman. They had a son named Charles. After her death in 1867, he married his third wife, who was part Blackfoot Indian. Her name was Island. When Island died, he married his fourth wife, Adalina Harvey.

The United States government considered William Bent an important person in the area. When the war with Mexico over the southern territories broke out in 1846, he guided General Stephen Watts Kearney's troops along the Santa Fe Trail into what was then Mexico. After helping the government for three years, William thought that the government would pay him, but he received no money. In 1847, St. Vrain wrote to the government to offer

Watercolor by Lt. James W. Abert, 1845

William Bent's first wife was a Cheyenne woman named Mis-stan-stur. Her American name was Owl Woman.

the fort to the army. When the government wanted to buy Bent's Fort, the offer was turned down because William thought the amount was not enough.

In August 1849, Bent's Fort was destroyed. No one knows the real reasons the fort was burned, but legend says that William Bent may have set fire to the fort.

In 1853, William built a stone structure near Big Timbers, 30 miles east of the original

Courtesy History Colorado, 10033077

William Bent was friends with many Native Americans. Arapahoe chief Little Raven and his children were photographed with Bent in 1869 at Fort Dodge, Kansas.

Bent's Fort site. The U. S. Army later built a fort around Bent's structure, which was first called Fort Wise and later renamed Fort Lyon. In 1859, during the Pikes Peak gold rush, Fort Wise was no longer a friendly meeting place for white and Indian cultures. The relationship between the white gold seekers and the Cheyenne became violent. In response to the violence, the U.S. government hired William in 1859 as an **Indian agent** to the Cheyenne and Arapaho tribes. An Indian agent was a person whose job was to interact with Native American tribes on behalf of the U.S. government. William worked to solve the problems that existed between the white traders, gold seekers, and pioneers and the Indians who were trying to protect their native land. After years of trying to keep the peace, William **resigned** because the problems between the two groups seemed impossible to solve.

Sand Creek

The conflicts between the two groups led to a horrible attack on a group of Cheyenne camped in southern Colorado. On November 29, 1864, Colonel John Chivington led soldiers to the Cheyenne camp at Sand Creek to destroy the Indians' camp there. Chivington ordered a guard to watch William Bent, to prevent him from warning the Cheyenne people of the attack.

Courtesy of DPL, Western History Collection, CHS.X3039

In 1936, artist Robert Lindeaux painted this picture of the early morning attack at Sand Creek. William Bent's sons were at the battle that took place in 1864. One son was forced to guide Chivington, and one was living in Chief Black Kettle's lodge.

Chivington then forced William's son Robert to lead him to Sand Creek. Bent's children were living at the camp with Chief Black Kettle at the time. At dawn on November 29, Chivington's men attacked the village and massacred 163 men, women, and children.

The terrible attack suffered by the Cheyenne at Sand Crcek changed William's world.

Soon after the **brutal** Sand Creek attack, William Bent lived briefly near Westport, Kansas. He returned to live on a ranch near the mouth of the Purgatoire River, not far from the site of Bent's Old Fort, which had burned down.

Later Life

William Bent lived a hard life, full of challenges and sadness. The government took advantage of his friendship with the Cheyenne. They used his services as an Indian agent and used Bent's Fort as a military base, then refused to pay him a fair price. Many believe he destroyed his first fort. Five years before William's death in 1869, his son Charles was killed while fighting with the Cheyenne Dog Soldiers. The Dog Soldiers fought to drive all white settlers out of Cheyenne territory.

William Bent died at his ranch on May 19, 1869, from pneumonia. He was one of the last great fur traders. He helped establish two trading posts where all people could trade. He was a trusted friend and advisor of the Cheyenne, and he was an Indian agent who understood Native American culture.

Bent's Fort, near La Junta, Colorado, has been reconstructed to look as it did in 1846. It is now a **National Historic Site** called Bent's Old Fort.

Questions to Think About

- William Bent earned his living by trapping and trading. What were these jobs like?

- Bent found ways to build trust with the Native Americans. What were they?

- Bent was tricked twice by the U. S. government. What happened?

Questions for Young Chautauquans

- Why am I (or should I be) remembered in history?

- What hardships did I face and how did I overcome them?

- What is my historical context (what else was going on in my time)?

Glossary

Adjusted: adapted to new conditions.

Adobe: building material made out of mud and straw.

Brutal: fierce or harsh.

Cheyenne: Indian people of the western plains.

Communicate: to give or exchange information.

Cultures: beliefs, social practices, and characteristics of a group.

Diverse: different or varied.

Fort: strong building built for protection.

Frontiersman: person who lives a long way from a country's civilized land.

Indian agent: individual who interacts with Native American tribes as a representative of the U.S. government.

Kiowa: Indian people of the southwestern United States.

Lifestyle: the way a person or group of people lives.

Merchants: people who make money by selling things to other people.

National Historic Site: an area of national historical significance that may or may not include buildings or structures.

Resigned: gave up a job voluntarily.

Stockade: protective fence made with strong posts in the ground.

Untamed territory: area of land where very few people live and few services, such as schools and hospitals, are available. Sometimes an untamed territory is unexplored.

Timeline

1809
William was born in
St. Louis, Missouri.

1824
William followed his older
brother, Charles, west to start
fur-trading business.

1827
William went on his first
trapping trip.

1829
William saved the lives of two
Cheyenne Indians.

1833
William started building
Bent's Fort near present-day
La Junta, Colorado.

1834
Bent's Fort was completed.

1835
William married
Owl Woman.

1846
William worked as a guide to
General Kearney's troops to
Santa Fe, Mexico.

1847
Owl Woman died. William
married her sister,
Yellow Woman.

Timeline

1849
Bent's Fort was partially destroyed and abandoned.

1853
William built a second trading post 30 miles east of Bent's Fort.

1859
William became an Indian agent.

1860
William resigned from his job as an Indian agent.

1864
The Sand Creek Massacre occurred.

1867
William moved to Westport, Kansas, and married Adalina Harvey.

1869
William died of pneumonia on his ranch in southeast Colorado.

Bibliography

Bacon, Melvin, and Daniel Blegen. *Bent's Fort—Crossroads of Cultures on the Santa Fe Trail.* Palmer Lake, Colorado: Filter Press, 1995.

Baskin, O. L. *History of Arkansas Valley, Colorado.* Chicago: Colorado Historical Publishers, 1881, 1971.

Blassingame, Wyatt. *Bent's Fort Crossroads of the Great West.* Champaign, Illinois: Garrard Publishing Company, 1967.

Fiskstone, Wilbur. *History of Colorado, Volume 1.* Chicago: The S. J. Clarke Publishing Co., 1918.

Galvin, John, ed. *Through the Country of the Comanche Indians in the Fall of the Year 1845: The Journal of U. S. Army Expedition Led by Lieutenant James W. Albert of the Topographical Engineers.* San Francisco: John Howell Books, 1970.

Lavender, David. *Bent's Fort.* Garden City, New York: Doubleday & Co., 1954.

Masten, Matt. *Bent's Old Fort NHS.* "The Learning Page—People of Bent's Fort." http://www.nps.gov/archive/beol/famtreewill.jpg

PBS. *New Perspectives on the West.* "William Bent (1809–1869)." http://www.pbs.org/weta/thewest/people/a-c/bent.html

Stockman, Tom. *Colorado Adventure Guide Heritage and History*. "La Junta, Colorado, Bent's Fort, 1833 to 1849." http://www.coloradovacation.com/history/bents-fort.html (1996–2006).

U. S. Department of the Interior, National Park Service. "Bent's Old Fort." http://www.nps.gov/beol/index.htm.

Wikipedia. "William Bent." http://en.wikipedia.org/wiki/William_Bent.

Index

Bent, Charles, 2, 4, 6, 7
Bent, William,
  birth, 2
  children, 10, 15, 16
  death, 16
  Indian agent, 13, 16
  parents, 2
Bent's Fort, 7, 9, 10, 12,
  13, 15, 16, 17
Big Timbers, 12

Cheyenne people, 1, 5, 6,
  9, 10, 13, 14, 15, 16
Chief Black Kettle, 15
Chivington, John, 14–15

Fort Lyon, 13
Fort Wise, 13

Kearney, Stephen Watts,
  10

Owl Woman, 10

Sand Creek, 14–15
St. Vrain, Ceran, 6, 10

Yellow Wolf, 7
Yellow Woman, 10

About This Series

In 2008, Colorado Humanities and Denver Public Schools' Social Studies Department began a partnership to bring Colorado Humanities' Young Chautauqua program to DPS and to create a series of biographies of Colorado historical figures written by teachers for young readers. The project was called "Writing Biographies for Young People." Filter Press joined the effort to publish the biographies in 2010.

Teachers attended workshops, learned from Colorado Humanities Chautauqua speakers and authors, and toured three major libraries in Denver: The Hart Library at History Colorado, the Western History/Genealogy Department in the Denver Public Library, and the Blair-Caldwell African American Research Library. Their goal was to write biographies using the same skills we ask of students: identify and locate high-quality sources for research, document those sources, and choose appropriate information from the resources.

What you hold in your hands now is the culmination of these teachers' efforts. With this set of age-appropriate biographies, students will be able to read and research on their own, learning valuable skills of research and writing at a young age. As they read each biography, students gain knowledge and appreciation of the struggles and hardships overcome by people from our past, the time period in which they lived, and why they should be remembered in history.

Knowledge is power. We hope this set of biographies will help Colorado students know the excitement of learning history through biography.

Information about the series can be obtained from any of the three partners:

Filter Press at www.FilterPressBooks.com

Colorado Humanities at www.ColoradoHumanities.org

Denver Public Schools at http://curriculum.dpsk12.org

Acknowledgments

Colorado Humanities and Denver Public Schools acknowledge the many contributors to the Great Lives in Colorado History series. Among them are the following:

The teachers who accepted the challenge of writing the biographies

Margaret Coval, Executive Director, Colorado Humanities

Josephine Jones, Director of Programs, Colorado Humanities

Betty Jo Brenner, Program Coordinator, Colorado Humanities

Michelle Delgado, K–5 Social Studies Coordinator, Denver Public Schools

Elma Ruiz, K–5 Social Studies Coordinator, Denver Public Schools, 2005–2009

Joel' Bradley, Project Coordinator, Denver Public Schools

Translation and Interpretation Services Team, Multicultural Outreach Office, Denver Public Schools

Nelson Molina, ELA Professional Development Trainer/Coach and School Liaison, Denver Public Schools

John Stansfield, storyteller, writer, and Teacher Institute lead scholar

Tom Meier, author and Arapaho historian

Celinda Reynolds Kaelin, author and Ute culture expert

National Park Service, Bent's Old Fort National Historic Site

Daniel Blegen, author and Bent's Fort expert

Blair-Caldwell African American Research Library

Coi Drummond-Gehrig, Denver Public Library, Western History/Genealogy Department

Jennifer Vega, Stephen H. Hart Library, History Colorado

Dr. Bruce Paton, author and Zebulon Pike expert

Dr. Tom Noel, author and Colorado historian

Susan Marie Frontczak, Chautauqua speaker and Young Chautauqua coach

Mary Jane Bradbury, Chautauqua speaker and Young Chautauqua coach

Dr. James Walsh, Chautauqua speaker and Young Chautauqua coach

Richard Marold, Chautauqua speaker and Young Chautauqua coach

Doris McCraw, author and Helen Hunt Jackson subject expert

Kathy Naples, Chautauqua speaker and Doc Susie subject expert

Tim Brenner, editor

Debra Faulkner, historian and archivist, Brown Palace Hotel

Kathleen Esmiol, author and Teacher Institute speaker

Vivian Sheldon Epstein, author and Teacher Institute speaker

Beth Kooima, graphic designer, Kooima Kreations

William Bent

Hombre fronterizo

William Bent

Hombre fronterizo

por Cheryl Beckwith

Filter Press, LLC
Palmer Lake, Colorado

William Bent:
Hombre fronterizo

por Cheryl Beckwith

Publicado por Filter Press, LLC, conjuntamente con las
Escuelas Públicas de Denver y Colorado Humanities

ISBN: 978-0-86541-117-3
LCCN: 2010924857

Producido con el apoyo de Colorado Humanities y la Fundación
Nacional para las Humanidades. Las opiniones, resultados,
conclusiones o recomendaciones expresadas en esta publicación,
no representan necesariamente las de la Fundación Nacional para
las Humanidades ni las de Colorado Humanities.

La fotografía de la portada es cortesía de Denver Public Library,
Western History Collection, CHS.X3033.

Impreso en los Estados Unidos de América

Grandes vidas de la historia de Colorado

Contenidos

William Bent (1809–1869) fue un hombre fronterizo, el constructor del Fuerte de Bent, y agente indio.

William Bent

William Bent fue uno de los grandes hombres **fronterizos** de Colorado. También fue un honesto hombre de negocios que facilitó la compra y venta de artículos entre los indígenos estadounidenses, los **mercaderes** españoles y los estadounidenses. Trabajó toda su vida para mantener la paz entre los grupos que vivían juntos en el Suroeste en los años 1800. William quería que los colonizadores y mercaderes blancos comprendieran las **culturas** de los indígenas. Su amistad con la tribu indígena **Cheyenne** permitió mantener la paz entre los dos grupos.

Sus primeros años

William nació el 23 de mayo de 1809 en St. Louis, Missouri. Sus padres fueron Silas y Martha Bent. Fue uno de 11 hijos. Su padre era un adinerado juez del Tribunal Supremo de Missouri. Se conoce muy poco de sus primeros años, pero se sabe que su familia deseaba que sus hijos recibieran una buena educación. William, sin embargo, sólo estudió lo suficiente como para aprender matemáticas fundamentales y destrezas básicas de escritura. Podía haber disfrutado fácilmente de una vida tranquila en St. Louis. En cambio, decidió seguir el ejemplo de su hermano mayor, Charles, y dirigirse al Oeste, al **territorio indómito** e iniciarse en el negocio de cazar animales con pieles. Se propuso atrapar animales y vender sus pieles. A los 17 años, atrapaba castores a lo largo del río North Platte y vendía las pieles o pelajes a los comercios del este. Hoy en día, el área en donde William atrapaba y comerciaba sus pieles es el estado de Colorado.

La vida en el Oeste

La vida en el Oeste era difícil. Los grupos de colonizadores y de indígenos estadounidenses tenían tipos de vida muy diferentes. Era muy difícil para ellos entenderse mutuamente. Los conflictos violentos con los indígenos estadounidenses y las severas condiciones de vida, hacían que la vida en las Great Plains (Grandes Llanuras) fuera peligrosa.

Cazar era un trabajo arduo. Los cazadores enfrentaban la soledad, enfermedades, escasez de comida, ataques de los indígenos estadounidenses y el severo clima del invierno. Los peligros parecían no preocupar a William. Le gustaba vivir en el Oeste y se **adaptó** rápidamente al peligroso **estilo de vida**.

Ganarse la vida era difícil. Para hacer dinero de la compra y venta de pieles, William llevaba sus mercancías en mulas y viajaba de un lugar

a otro para negociar su mercancía. Tenía
que viajar cientos de millas entre los pueblos
de las Grandes Llanuras. El viaje era lento
y peligroso. Frecuentemente dormía entre
mantas de búfalo en el suelo duro y congelado
de la pradera, con un poco de calor generado
por una fogata.

William seguía a su hermano mayor, Charles,
a todas partes. Para cuando tenía 20 años,
William había ayudado a su hermano a
tomar una caravana de carretas que viajaba
por el Santa Fe Trail (Camino de Santa Fe).
El Santa Fe Trail comenzaba en Missouri,
Estados Unidos y terminaba en Santa Fe,
que en aquella época pertenecía a México.
Los comerciantes y mercaderes viajaban en
ambas direcciones desde la década de 1820.
Negociaban a lo largo de todo el camino con
los indígenas estadounidenses y para obtener
productos mexicanos en Santa Fe.

Los cazadores blancos intercambiaban otros productos además de las pieles. Algunas veces comerciaban armas, whisky, tabaco, harina y tela. El comercio de estos artículos,

William y su hermano Charles construyeron un puesto comercial que llegó a ser conocido como Bent's Fort.

especialmente de las armas y el alcohol, fue el comienzo de muchos problemas entre los dos **diversos** grupos.

Cuando William comenzó la caza, las pieles de castor se utilizaban para confeccionar sombreros para hombres. En los años 1840, cambió la moda y se dejó de utilizar la piel de castor para los sombreros; las pieles dejaron de ser valiosas. Las pieles de búfalo se convirtieron en el artículo preferido para comerciar. Los Cheyenne hacían trueque con pieles de búfalo. William fue afortunado porque los Cheyenne le dieron la bienvenida y su confianza. Él les trajo artículos como café, azúcar, espejos y cuentas de cristal e intercambiarlos por las pieles. A medida que continuaba el trueque y los Cheyenne se hacían cada vez más dependientes del intercambio de bienes con los comerciantes blancos, el estilo de vida de los indígenas estadounidenses cambió rápidamente.

William disfrutaba del comercio con los indígenas. En algún momento entre los años 1828 y 1831 construyó una **empalizada** de madera cerca de la actual ciudad de Pueblo, Colorado. Tenía muchas mercancías para intercambiar con los indígenas, pero pocos indígenas acudieron para intercambiar. Más adelante, se enteró de que había construido la empalizada en un lugar donde se habían enfrentado los Arapaho, los Cheyenne y los Ute. Los indígenas con los cuales quería comerciar no querían acercarse a la empalizada.

En diciembre de 1830, Charles y William Bent se asociaron comercialmente con un amigo de Charles, Ceran St. Vrain. Su empresa comercial compraba y vendía mantas mexicanas, ovejas de México, batas de búfalo de los indígenas de las Llanuras, pieles de castor de las Rocky Mountains (Montañas Rocosas), caballos, mulas y muchos artículos hechos a mano.

Desde 1834 a 1849, el Bent's Fort fue un activo centro de comercio para los estadounidenses que se trasladaban por el Santa Fe Trail, para los indígenas de las Grandes Llanuras y para los comerciantes de México. William y Charles Bent y su socio comercial, Ceran St. Vrain, eran los dueños del "castillo de adobe".

Charles encontró un mejor lugar para construir un establecimiento comercial. La nueva ubicación estaba a 90 millas al este de Pueblo en el río Arkansas. Después de solucionar muchos de los problemas que había entre los blancos, los indígenos estadounidenses y los mexicanos, William y Charles construyeron un establecimiento comercial de **adobe** que llegó a ser conocido como el Bent's Fort (Fuerte de Bent). El fuerte inició actividades comerciales el 18 de diciembre de 1833. Era el edificio más grande entre Missouri y el Pacific Ocean (Océano Pacífico). En honor a William, las personas que trabajaban y comerciaban allí lo llamaban el Fort William (Fuerte William), pero casi todos los demás lo llamaban el Bent's Fort.

Yellow Wolf, líder los Cheyenne, se hizo amigo de los Bent y les dio nombres indígenas a los hermanos. Esto era un gran honor. Demostraba la confianza y aprecio que Yellow Wolf sentía por los hermanos. William no era un hombre grande. Era un hombre de poca estatura con cabello oscuro y piel oscura. Miembros de las tribus indígenas Sioux y Cheyenne lo llamaban Little White Man. Su nombre **Kiowa** era Bent Hook Nose.

William sentía que el Oeste era su hogar. Aprendía rápidamente y se sentía a gusto con los indígenos estadounidenses. Para poder **comunicarse** con las diferentes tribus, William aprendió varias lenguas indígenas, incluyendo el lenguaje de señas. También sabía algo de francés. Su amistad con los Cheyenne ayudó a mantener la paz entre los dos grupos. William quería que su negocio fuera exitoso, por lo cual siempre invitaba a todos a comerciar en el Bent's Fort y hacía que se sintieran lo más cómodos posible.

La amistad de William con los Cheyenne comenzó cuando intercambiaba bienes por pieles y pelajes con ellos. Aprendió su lengua y se casó con una indígena perteneciente a

La primera esposa de William Bent fue una mujer Cheyenne llamada Mis-stan-stur. Su nombre americano era Owl Woman.

los Cheyenne. En una ocasión, escondió a algunos guerreros Cheyenne para protegerlos de sus enemigos, los Comanche, y esto hizo que se transformara en un amigo digno de confianza. William disfrutaba de su relación con la tribu Cheyenne.

El Bent's Fort era un lugar en donde los indios y los blancos se reunían. Bent se casó cuatro veces. Su primera esposa fue Owl Woman, la hija de un líder Cheyenne. Tuvieron cuatro

Cortesía de History Colorado, 10033077

William Bent fue amigo de muchos indígenas estadounidenses. El Jefe Arapaho Little Raven y sus hijos fueron fotografiados junto a Bent en 1869 en Fort Dodge, Kansas (Fuerte Dodge, Kansas).

hijos llamados Mary, Robert, George, y Julia. En 1847 Owl Woman falleció y William se casó con su hermana, Yellow Woman, con quien tuvo otro hijo llamado Charles. Después de su muerte en 1867, contrajo matrimonio con su tercera esposa, quien tenía sangre indígena de la tribu Blackfoot. Su nombre era Island. Cuando Island murió, se casó con su cuarta esposa, Adalina Harvey.

El gobierno de los Estados Unidos consideraba a William una persona importante en el área. En 1846, cuando estalló la guerra con México por los territorios del sur, Bent guió a las tropas del general Stephen Watts Kearney por el Camino de Santa Fe, a lo que en ese entonces era México. Después de ayudar al gobierno durante tres años, Bent pensó que el gobierno le pagaría, pero no recibió ningún dinero. En 1847, St. Vrain le escribió al gobierno para ofrecerle el fuerte al ejército. Cuando el gobierno quiso comprar el Bent's

Fort, no aceptaron la oferta porque Bent pensaba que la cantidad no era suficiente.

En agosto de 1849, el Bent's Fort fue destruido. Nadie sabe los verdaderos motivos por los que quemaron el fuerte, pero la leyenda dice que puede que William Bent lo haya incendiado.

En 1853, William Bent construyó una estructura de piedra cerca de Big Timbers, 30 millas al este del sitio original del Bent's Fort. Posteriormente, el Ejército de los Estados Unidos construyó un fuerte alrededor de la estructura de Bent, al que inicialmente llamaron Fort Wise (Fuerte Wise) y que posteriormente llamaron Fort Lyon (Fuerte Lyon). En 1859, durante la fiebre del oro de Pikes Peak, Fort Wise no era ya un lugar para la reunión amistosa de las culturas blanca e indígena. La relación entre los blancos buscadores de oro y los Cheyenne se tornó violenta. En 1859, como respuesta a la violencia, el gobierno de los Estados Unidos contrató a Bent para que trabajara como **agente indio** con las tribus de los Cheyenne y los Arapaho. Un agente indio era un individuo cuyo trabajo era comunicarse con las tribus de los indígenas estadounidenses, en nombre del gobierno de los Estados Unidos. Bent trabajó para resolver los problemas que existían entre los comerciantes blancos, los buscadores de oro, los pioneros y los indígenas que intentaban proteger su tierra natal.

Después de años tratando de mantener la paz, Bent **renunció** porque le parecía que los problemas entre los dos grupos eran imposibles de resolver.

Sand Creek

Los conflictos entre los dos grupos generaron un horrible ataque a un grupo de indígenas Cheyenne que acampaban en el sur de Colorado. El 29 de noviembre de 1864, el coronel John Chivington dirigió a soldados al campamento Cheyenne en Sand Creek para destruirlo. Chivington le ordenó a un guardia que vigilara a William Bent, para prevenir que

Cortesía de DPL, Western History Collection, CHSX.3039

En 1936, el artista Robert Lindeaux hizo esta pintura sobre la madrugada del ataque en Sand Creek. Los hijos de William Bent estuvieron en el ataque que tuvo lugar en 1864. Uno de los hijos fue obligado a guiar Chivington, y el otro vivía en el hogar del Jefe Black Kettle.

éste avisara al pueblo Cheyenne sobre
el ataque.

Luego, Chivington obligó a Robert, hijo de
William Bent, a que lo guiara a Sand Creek.
En esa época, los hijos de Bent vivían en el
campamento con el Jefe Black Kettle. Al
amanecer del 29 de noviembre, los hombres
de Chivington atacaron la aldea y masacraron
a 163 hombres, mujeres y niños. El terrible
ataque cometido en contra de los Cheyenne
de Sand Creek cambió el mundo de Bent.

Poco después del **brutal** ataque de Sand
Creek, William Bent vivió durante un corto
período de tiempo cerca de Westport, Kansas.
Regresó a vivir en un rancho cerca de la
desembocadura del río Purgatoire, no muy
lejos del lugar del Bent's Old Fort.

Últimos años de vida

William Bent vivió una vida ardua, llena de desafíos y tristezas. El gobierno se aprovechó de su amistad con los Cheyenne. El gobierno se aprovechó de sus servicios como agente indio. Utilizó el Bent's Fort como base militar, y luego se negó a pagarle un precio justo. Muchos creen que él destruyó su primer fuerte. Unos cinco años antes de la muerte de William en 1869, su hijo Charles murió en combate junto a los "Dog Soldiers" de los Cheyenne. Los "Dog Soldiers" pelearon hasta sacar a todos los colonos blancos del territorio Cheyenne.

William Bent murió de pulmonía en su rancho el 19 de mayo de 1869. Fue uno de los últimos grandes comerciantes de pieles. Ayudó a establecer dos establecimientos comerciales en donde todo tipo de gente podía intercambiar bienes. Fue amigo y asesor de confianza de los Cheyenne y un agente indio que entendía la cultura de los indígenos estadounidenses.

El Bent's Fort, cerca de La Junta, Colorado, se reconstruyó de forma que luciera como el de 1846. Hoy en día es un National Historic Site (**lugar histórico nacional**) abierto al público llamado el Bent's Old Fort.

Preguntas en qué pensar

- William Bent se ganó la vida mediante la caza de animales y el comercio de pieles. ¿Cómo eran estos trabajos?

- Bent encontró maneras de ganarse la confianza de los indígenas estadounidenses. ¿Cuáles fueron estas maneras?

- El gobierno de los Estados Unidos engañó dos veces a Bent. ¿Qué sucedió?

Preguntas para los Jóvenes Chautauquans

- ¿Por qué se me recuerda (o debo ser recordado) a través de la historia?

- ¿A qué adversidades me enfrenté y cómo las superé?

- ¿Cuál es mi contexto histórico? (¿Qué más sucedía en la época en que yo vivía?)

Glosario

Adaptó: ajustado a nuevas condiciones

Adobe: material de construcción hecho con lodo y paja.

Agente indio: individuo que interactúa con las tribus indio americanas como representante del gobierno de los Estados Unidos.

Brutal: feroz y cruel.

Cheyenne: tribu indígena de las llanuras occidentales.

Comunicarse: dar o intercambiar información.

Culturas: creencias, prácticas sociales y características de un grupo de personas.

Diversos: diferentes o variados.

Empalizada: valla de protección hecha con estacas fuertes en el suelo.

Estilo de vida: la manera en que una persona o grupo de personas viven.

Fuerte: construcción sólida hecha por protección.

Hombre fronterizo: persona que vive muy lejos del área civilizada de un país.

Kiowa: indígenas del suroeste de los Estados Unidos.

Lugar histórico nacional: área de importancia histórica nacional. Puede o no incluir edificios o estructuras.

Mercaderes: personas que hacen dinero mediante la venta de artículos a otras personas.

Renunció: dejó un trabajo voluntariamente.

Territorio indómito: territorio en donde vive muy poca gente y hay pocos servicios disponibles tales como escuelas y hospitales. Algunas veces, los territorios indómitos no se han explorado.

Línea Cronológica

1809
William nació en St. Louis, Missouri.

1824
William siguió a su hermano mayor, Charles, al Oeste para iniciar el comercio de pieles.

1827
William partió a su primer viaje para cazar animales.

1829
William salvó la vida de dos miembros de la tribu Cheyenne.

1833
William comenzó a construir el Bent's Fort cerca de lo que hoy es La Junta, Colorado.

1834
Finalizó la construcción del Bent's Fort.

1835
William se casó con Owl Woman.

1846
William trabajó como guía para las tropas del general Kearney en su viaje a Santa Fe, México.

1847
Murió Owl Woman. William se casó con su hermana, Yellow Woman.

Línea Cronológica

1849
El Bent's Fort fue
parcialmente destruido
y abandonado.

1853
William construyó un
segundo establecimiento
comercial a 30 millas al este
del Bent's Fort.

1859
William se hizo
agente indio.

1860
William renunció a su trabajo
como agente indio.

1864
Ocurrió la masacre
de Sand Creek.

1867
William se trasladó a
Westport, Kansas, y se casó
con Adalina Harvey.

1869
William murió de pulmonía
en su rancho en el sureste
de Colorado.

Bibliografía

Bacon, Melvin, y Daniel Blegen. *Bent's Fort—Crossroads of Cultures on the Santa Fe Trail.* Palmer Lake, Colorado: MIT Press, 2003.

Baskin, O. L. *History of Arkansas Valley, Colorado.* Chicago: Colorado Historical Publishers, 1881, 1971.

Blassingame, Wyatt. *Bent's Fort Crossroads of the Great West.* Champaign, Illinois: Western Reflections Publishing Company, 1967.

Fiskstone, Wilbur. *History of Colorado, Volume 1.* Chicago: The S.J. Clarke Publishing Company, 1918, pages 116–117, 164.

Galvin, John, ed. *Through the Country of the Comanche Indians in the Fall of the Year 1845: The Journal of U.S. Army Expedition led by Lieutenant James W. Albert of the Topographical Engineers.* John Howell Books, 1970.

Lavender, David. *Bent's Fort.* Garden City, New York: Doubleday & Company, 1954.

Masten, Matt. *Bent's Old Fort NHS.* "The Learning Page—People of Bent's Fort." http://www.nps.gov/archive/beol/famtreewill.jpg.

PBS. *New Perspectives on the West.* "William Bent (1809–1869)." http://www.pbs.org/weta/thewest/people/a-c/bent.html.

Stockman, Tom. *Colorado Adventure Guide Heritage and History.* "La Junta, Colorado, Bent's Fort, 1833 to 1849." http://www.coloradovacation. com/history/bents-fort.html (1996–2006).

Wikipedia. "William Bent." http://en.wikipedia.org/ wiki/William_Bent.

U. S. Department of the Interior, National Park Service. "Bent's Old Fort." http://www.nps.gov/ beol/index.htm.

Índice

Sobre esta serie

En 2008, Colorado Humanities y el Departamento de Estudios Sociales de las Escuelas Públicas de Denver (DPS) iniciaron una asociación para ofrecer el programa Young Chautauqua de Colorado Humanities en DPS y crear una serie de biografías de personajes históricos de Colorado escritas por maestros para jóvenes lectores. Al proyecto se le llamó "Writing Biographies for Young People." Filter Press se unió al esfuerzo para publicar las biografías en 2010.

Los maestros asistieron a seminarios, aprendieron de conferenciantes y autores Chautauqua de Colorado Humanities y recorrieron tres grandes bibliotecas de Denver: La Biblioteca Hart en History Colorado, el Departamento de Historia del Oeste/Genealogía de la Biblioteca Pública de Denver y la Biblioteca Blair-Caldwell de Investigaciones Afro-americanas. La meta era escribir biografías usando las mismas aptitudes que les pedimos a los estudiantes: identificar y ubicar fuentes de información de alta calidad para la investigación, documentar esas fuentes de información y seleccionar la información apropiada contenida en las fuentes de información.

Lo que tienes ahora en tus manos es la culminación de los esfuerzos de estos maestros. Con esta colección de biografías apropiadas para los jóvenes lectores, los estudiantes podrán leer e investigar por sí solos, aprender aptitudes valiosas para la investigación, y escribir a temprana edad. Mientras leen cada una de las biografías, los estudiantes obtienen conocimientos y aprecio por los esfuerzos y adversidades superadas por la gente de nuestro pasado, el período en el que vivieron y el porqué deben ser recordados en la historia.

El conocimiento es poder. Esperamos que este conjunto de biografías ayude a que los estudiantes de Colorado se den cuenta de la emoción que se siente al aprender historia a través de las biografías.

Se puede obtener información sobre esta serie de cualquiera de estos tres socios:

Filter Press en www.FilterPressBooks.com

Colorado Humanities en www.ColoradoHumanities.org

Escuelas Públicas de Denver en http://curriculum.dpsk12.org

Reconocimientos

Colorado Humanities y las Escuelas Públicas de
Denver hacen un reconocimiento a las muchas personas
y organizaciones que ha contribuido para hacer realidad
la serie Grandes vidas en la Historia de Colorado. Entre
ellas se encuentran:

Los maestros que aceptaron el reto de escribir las
biografías
Margaret Coval, Directora Ejecutiva de Colorado
Humanities
Josephine Jones, Directora de Programas de Colorado
Humanities
Betty Jo Brenner, Coordinadora de Programas de
Colorado Humanities
Michelle Delgado, Coordinadora de Estudios Sociales
para kindergarten a 5º grado, de las Escuelas Públicas
de Denver
Elma Ruiz, Coordinadora de Estudios Sociales 2005-
2009, para kindergarten a 5º grado, de las Escuelas
Públicas de Denver
Joel' Bradley, Coordinador de Proyectos de las Escuelas
Públicas de Denver
El equipo de Servicios de Traducción e Interpretación, de
la Oficina de Enlaces Multiculturales de las Escuelas
Públicas de Denver
Nelson Molina, Preparador/entrenador del programa de
Capacitación Profesional de ELA y Persona de Enlace
Escolar de las Escuelas Públicas de Denver
John Stansfield, narrador de cuentos, escritor y líder
experto del Instituto para maestros

Tom Meier, autor e historiador de los Arapaho

Celinda Reynolds Kaelin, autora y experta en la cultura Ute

National Park Service, Sitio Histórico Nacional Bent's Old Fort

Daniel Blegen, autor y experto en Bent's Fort

Biblioteca de Investigaciones Afroamericanas Blair-Caldwell

Coi Drummond-Gehrig, Departamento de Historia/ Genealogía Occidental de la Biblioteca Pública de Denver

Jennifer Vega, Biblioteca Stephen H., de History Colorado

Dr. Bruce Paton, autor y experto Zebulon Pike

Dr. Tom Noel, autor e historiador de Colorado

Susan Marie Frontczak, oradora chautauqua y capacitadora de la Juventud Chautauqua

Mary Jane Bradbury, oradora chautauqua y capacitadora de la Juventud Chautauqua

Dr. James Walsh, orador chautauqua y capacitador de la Juventud Chautauqua

Richard Marold, orador chautauqua y capacitador de la Juventud Chautauqua

Doris McCraw, autora y experta en materia de Helen Hunt Jackson

Kathy Naples, oradora chautauqua y experta en materia de Doc Susie

Tim Brenner, editor

Debra Faulkner, historiadora y archivista, Hotel Brown Palace

Kathleen Esmiol, autora y oradora del Instituto de Maestros Vivian Sheldon Epstein, autora y oradora del Instituto de Maestros

Beth Kooima, diseñador gráfico, Kooima Kreations